tristes

ÆREA | *carménère*

Marta Bernabeu

tristes

ÆREA | *carménère*

Serie fundada por Eleonora Finkelstein y Daniel Calabrese
Edición al cuidado de Paco Najarro

TRISTES
Primera edición: septiembre de 2025

© Marta Bernabeu, 2025

© Ærea, 2025

Un sello de RIL® editores
SEDE SANTIAGO DE CHILE: Los Leones 2258 • CP 7511055 Providencia
☏ (56) 22 22 38 100 • ril@rileditores.com • www.rileditores.com

SEDE VALPARAÍSO • valparaiso@rileditores.com

SEDE ESPAÑA • europa@rileditores.com

Composición e impresión: RIL® editores
Diseño de colección: Marcelo Uribe Lamour
Imagen de portada: *Las horas tristes*, de Ramón Casas i Cargó

Impreso en España • *Printed in Spain*

ISBN: 978-84-10248-63-2
Depósito Legal: GI 1279-2025

Para quienes sostienen y acompañan nuestro dolor

Para mi madre

Vivimos de la muerte.
Morimos de la vida.
Tenemos un padrastro,
tenemos una herida.
Tenemos la verbena,
tenemos cataclismos,
y nunca somos dueños
ni de nosotros mismos.

Tenemos lluvia artificial,
risa artificial,
vitamina artificial,

_____

Total: sólo tenemos tristeza natural.

GLORIA FUERTES, *SUMA*

tristes

tristes

tristes
días tristes
horas tristes

horas

somos una generación triste
no sé si es verdad

yo soy la generación triste
un árbol genealógico de tristezas

ramifican

tristes
segundos tristes
instantes tristes
eternos tristes

tristes

descámame esta tristeza
se ríe
pausada

somos tristes
y no pasa nada

fines de semana

los fines de semana estoy
más triste

es cuando los días mueren
como yo lo he ido haciendo toda la vida

con el sol en lo alto y los árboles tristes
el cielo se sobrecoge

lúgubre, la piel, se eriza
todo se llena de escalofríos
si duraran más en el tiempo serían insoportables

he visto días plomizos ser más amables

toda muerte me recuerda a ti

un Hopper translúcido

era un azul gris
una ventana arrolladora

arriba, cristal

podía vernos, desde lo alto
lo suficientemente cerca para tocar mi mirada triste
suspendida en aquel rectángulo

transparente

la perpetuidad no sólo estaba fuera
donde yo dirigía mi mirada, para no atragantarme

un silencio refrigerado
todo lo demás temblaba con los gritos

no estábamos solos
pero siempre parecía que lo estuviéramos

las pausas sólo eran interludios
el mar, el único azul que no era gris

un recuerdo suspendido

como yo
que no puedo recogerme

siempre mirando desde fuera
distancia de seguridad

un Hopper desde el mar:
cuadrados, rectángulos, todos afilados
yo era una niña, translúcida
todo se colaba a través de mí

la distancia
es ahora

trenes

la estación nunca acaba
es gris y sangra

sangra su gris
(a veces, oscuro)
(más veces, claro)

apagado, insonoro

hierros que se callan
no avisan, ni oyen

aquí antes había esperanza
aquí antes había deseo
aquí yacen sus tumbas

grises

así siento su líquido, un sistema linfático de tristeza

gris opaco
gris oscuro
gris apagado

gris

00:00 del 9 de junio

he empezado los veintiocho
con cuatro lexatines y dos tostadas de hummus

es la una y media de la mañana y se me mezcla la tristeza
con las migajas de las tostadas
y la pena con el hummus

siento que me pesan todos los duelos
y ahora esto marca un comienzo y una muerte
y se centrifugan

pero no pesan menos

aún no entiendo del todo sus nudos
esos que hacen ondas con sus látigos
quemando mi caja torácica

circulan, destilados
pero se agarran con sus pezuñas salpimentadas

aún no lo entiendo
porque arde

ni lo salado
ni la morbidez de mi tristeza

me tengo que levantar a por el rexer
treinta miligramos

mañana será otro día
y espero que otro año

siempre

he escrito, siempre
en mi cabeza

antes incluso
de que desaparecieras,
aunque fueran eso, también

mármoles blancos
arenosos y abismales

edificios semivacíos
fríos y sin almas

escribí antes de eso,
de la misma manera;

penetrante, tosca, semicautelosa

la pared de yeso cano, donde escribí a lápiz mi primer
    poema,
precedió a ese océano de piedra pálida
haciéndolo más grande, más cortante

ya estaba en mí, instalado
era yo quien lo creaba

los unos de noviembre

eran mares de mármol
en los que me ahogaba

mis colores

Paula me dice que mi nombre es amarillo
intenso

el amarillo eran mis abuelos
cuando los días eran eternos
cálidos

el corazón de la margarita
se torna nostálgico
amargo y, aun así,
deslumbrante

un velo entre aquello y esto
los domingos y los lunes

mi apellido es negro, gris parece un poco
es de donde vienen la mayoría de mis pozos

dice que yo soy morado claro, verde y gris
verdes son mis ojos
morado, el color del brezo

el gris me envuelve desde mi apellido hasta mis órganos
gris, gris, gris
todo este tiempo

mi voz es rojiza, arenosa

rojo

rojo y gris me acompañan siempre
en mis puños internos

acuarelas desteñidas, fuertemente sonoras
me visten todos los días

amarillos, negros, grises, muchos grises, morados, verdes,
    rojos, muchos rojos

los quiero fundir
para que se diluyan los tristes

Dolores

rota

me gustaría no estar tan rota
que mis pedazos no cicatrizaran en mis daños
con sus lanzas puntiagudas, vidrios enjaulados

a veces, creo verme menos rota, más capaz
(no dura)

cristalizándome, acechándome

«rota, estás rota en mil pedazos», me dice

no sé hablar en otro idioma
y en el idioma del dolor
no se me entiende

hay desgarros

acunar el dolor

el celador canta *O Sole Mio*
los pasillos morados hacen de altavoz

en casa, ya derramado, espera el último café que preparaste
blanco, olvidado

cómo has aguantado todo este dolor
rabia y tristeza

ha sido violencia: no te han escuchado

ni siquiera te han permitido comprender que tú misma
    merecías escucharte

hemos sido todos violentos
con el dolor
con tu dolor
con el nuestro

¿podré aprender a acunar el mío?
tratarme cuidadosamente, más suave

vas a estar, aunque ya no te oigamos
y espero poder escucharte y entenderme
con delicadeza

avistar y denunciar violencias

mecer, acunar y cuidar este dolor

mi madre nos dice

«escuchad a vuestros cuerpos»
con su dolor agudo, intenso
como su nombre

Dolores

fracasa y sé libre
escúchate en las caídas
pero antes también

la circunferencia del deseo se solapa con el círculo
    del terror
una Venus de Willendorf
asusta
y no debería

nos han enseñado a ser rígidas, que lo nuestro se repudie
vergüenzas
múltiples: escondites, rubores, pausas
estados suspendidos, contenidos
presas, diques

nos han enseñado, a veces en silencio,
a esconder nuestra sangre
células madre

y cuando no es roja, sigue estando viva
nuestro músculo baila
tsunamis que conectan todos los calambres
vertientes y movimientos

sanarlo es un acto revolucionario
pero no se nos permite
nuestros cuerpos no son nuestros
rechazados, enajenados
por nosotras mismas
siguiendo silencios, violencias

nuestros centros energéticos
el deseo arrollaría el terror
contracciones que despiertan arterias

un puño, un cuerpo
escucha

Boudicca

se descose su garganta al rasgarse desde el cielo hasta
   el estómago
reverbera su lamento aun ahogándose
la bautizan sus lágrimas

nada más se oye, se han hecho silencios en los espacios
entre incendios y ruinas

desnuda
la mantienen sus huesos y su cuerpo ante el desconsuelo
y el duelo

robustos, sus senos la levantan ceremoniosamente
su compañero de relinchos junta su cuerpo con el suyo
y se erigen

el silencio, vacío, se amordaza atemorizado
se declara devoto
se enlista en su ejército, al que ella se dirige
aunque no se ve nada a su alrededor

es ella misma
piel con piel con durezas
y de unos músculos a otros recorren, chorreando,
sus fluidos

arroyos rojos se bifurcan desembocando en otras sangres
   sin vida
negras y de ceniza
en su vientre hay tormentas

y su cuerpo las navega
dejándolas correr

hay mares por todos sus poros, difuminando sus pinturas
arden, como corazas

devastados y vivos, animales y dioses
son uno

su grito
anula sus cadenas
ilumina su terrenal santidad

ecos a través del tiempo
nos intentan despertar

en Chamartín (un día después del 8 de marzo)

corta, afilado, nuestro dolor
tan nuestro ya

deberíamos ser libres de sus profundos cortes
ver a través y en dirección contraria a las navajas
ya es nuestro

un peso tosco y ensordecedor
white noise

desde los oídos saltan las mascarillas de oxígeno
buckle up
la hebilla nos quema

hay que hacer algo con este dolor

despierta
extiende tu mano
soldar, soldar
a través de nuestros cuerpos
soldar*nos*

¿qué es de las navajas ahora?
fundirlas, nuestro oficio

muchas veces esperamos
en estaciones
en suspensiones

y recordamos

nuestra experiencia herrera

no escondas tus brazos
they wield the hammer
reaching out

soldar, soldar*nos*

coleccionista

a veces me siento coleccionista
de dolores

un pasatiempo impuesto
que me acompaña

alejándome y acercándome
(perpetrando)

ajustándome y desajustándome
(desmembrando)

a veces, encuentro sentidos

la mayoría de las veces me encuentran a mí
preguntándome por esta colección tan meticulosa

la única que nunca acaba y que se perfila
en un arte, detallándose

le pido ahora, solamente

entreactos

derrames

volqué todo lo que debería haber derramado en mí
recipiente vacío, sin fondo

yo también estoy vacía a ratos
arranqué sus tierras de mi estómago, creyéndolas fértiles
a puñados sobre el cuerpo, me la devolviste

tierra diseccionada, herida, asfaltada

tenía hilos de agua a través de mis dedos,
entre las nubes rotas, había cielo

ahora no sé qué hacer con este barro
he luchado toda mi vida

estoy cansada

si el dolor se pudiera oler, saldrían tiburones aturdidos

me siento sola
como toda la vida, escondida en madrigueras vacías

sin tierra
y con derrames

tambaleos

espadas sin domesticar que se tambalean
perforando la semilla, sacándola hacia fuera

indecisas pero consistentes

hiriendo
lo que está cerca

sin aviso, sin propósito

confusas y
cautivadoras

inconscientes del daño
sin ser por ello menos

letales

baile herido

nace desde mi útero este hierro
del que cuelgo

y me agarra desde la cubierta
una barandilla metálica
en mis tripas

los huesos huecos y roídos
llaman a la luna
vacía

se hinchan las esquinas de los árboles
repta el esófago hacia delante
salamandrino

no os puedo mirar a los ojos
están secos y están rojos
de la envergadura de este cuerpo naufragado

siniestrado
malgastado
destrozado

perdido

sale de mi útero este látigo
para encallarme
y balancearme

han salido las astillas
están saliendo
y saldrán

barbed wire

lo que nos cerca
en los costados

son palabras
son ideas
¿son sombras?

nos apuntan
cegándonos
en su luz quebrada

ahí está su poder

confeti y cemento

brotará desde el suelo asfaltado
en esta mediada noche,
y entre la multitud no te veo
no alcanzo a que me vistas
con este manto doble estampado
de tintes multicolores

tan suyo, y también
tan nuestro

pero la culpa

en el pasado sempiterno
en el principio de los días
era la luz de los pinos
y el olor de tu puerta

los llanos en invierno
y la divinidad funesta
de tu
nuestro
broche manchego

Rebeca

si algún día no estoy
y alguien tiene que escribirme

quiero que me escribas tú con los brotes de tus dedos

quiero que hagas de mí ficciones
y deshojes mi dolor en destellos

que cuentes cómo quise y cómo iba muriendo
mientras me agarraba con dientes de hierro a la vida

quiero ser otra Joana Ayres
que llega, extasiada, a la ciudad soñada
y después se torna, con el tiempo,
agridulce

quiero que conduzcas mis vértebras por sus ladrillos
    milenarios,
que esconden el deseo que dura en mi fantasma
y me hizo pasar a este plano espectral

quiero que me invoques, Rebeca,
que conjures todo lo que ansiaba
y no podía

esta anemia que me torna la piel crujiente
de la que se me escapa el alma por el pecho izquierdo

quizá ha habido demasiado en mí
y yo no he podido sacarlo como divinamente se me requería

quizá haya sido un impulso primogénito por trascender,
transgredir lo que a mí se me había asignado

quiero que me escribas como un animal que no cesa

Mi corazón, como una sierpe,
se ha desprendido de su piel,
y aquí la miro entre mis dedos
llena de heridas y de miel.
FEDERICO GARCÍA LORCA, CORAZÓN NUEVO

pérdidas

estoy a una pérdida más
de desechar mi cuerpo
como la serpiente se libera de su piel
pero el cuerpo entero esta vez

me ahoga con sus inflamaciones
me pesa y me arden todos sus pliegues
hay pérdidas que no se soportan
y el cuerpo no tiene capacidad de cobijar
infinitas somatizaciones

hay momentos en los que la alerta se sostiene
es una aguja intravenosa en suspensión que se acaba
    deshaciendo
y de ahí nacen calambres, tormentas y vendavales
haciéndome inflable de feria donde hay pisadas
al recogerme, colchoneta grávida
no vuelvo a caber igual en la carroza

con cada pérdida me hago más gruesa, más pesada

la memoria

desdoblas
un papel arrugado

viernes 9 de diciembre

nos preguntas si hoy es
viernes (9 de diciembre)

te alejas

tu figura desemboca en nuestros tiempos
cortados
alargados
y ensordecidos
borrando lo que tocamos

nadie escucha cómo se deshacen tus recuerdos

incluso cuando atardece dorado y verdejo

la mayoría del tiempo no puedo escribir sobre cómo
    el cielo se toca
en dobleces, sus sábanas
sobre cómo se sientan, llenas, en mi estómago

cuando sube dulce la sobremesa de la tarde
los puñados de arena brotan enredados
y baja esa insulina momentánea

se entierra y erupciona (al principio tímidamente)
en pequeños géiseres amargos que la inundan

miradas, palabras, distancias, anhelos,
todos los duelos
se reúnen para el carnaval de los volcanes

y así es todo agridulce, nada eleva
estas alas agujereadas
que baten y baten
vuelos rotos
suspensiones ásperas

resurrecciones

encuentros

que mis palabras te encuentren

sola, desnuda, desarraigada
con la cabeza baja y el cuerpo frágil, tembloroso

que mis palabras te encuentren
y te envuelvan

en el suelo del baño
al salir de la ducha
mojada, los ojos, mojados

te encuentren y tiendan la toalla
«la herida sigue ahí, pero vamos a ponerle capas»

el fin de los días

me gustaría raspar el tiempo

quedarme contigo en esa ventana fugaz
en la que la madera luce,
verticalmente,
tostada

y, luego,
se queda fría

y tiembla,
quebrándose

me conoces desde que era niña
y, aun así,
me quieres

como aquella melada agua salada
como esos años de encuentro

mi tenuidad te ensordece
el vacío inacabable nos enclaustra

y, aun así,
me quieres

con la mirada abierta
con tu alma dorada

como el fin de los días

esferas medio esmeraldas medio doradas

os veo recostados
abrazándoos
anoche pensé en el final
donde me gustaría que nos reencontráramos
porque ya no sería ese lugar que no le falta nada
sin vuestras llamadas

el trote de madera que sube y baja apresurado y con justicia
la llama translúcida de vuestras canicas
bocarriba también el cojín burbujeante
el tiempo se suspende en este trabajo
formas perfectas que bullen y lamen
dejando un claro entre maullidos

esos ojos ya los reconozco vaya donde vaya

la puerta blanca

se crispó el bastidor
de aquella puerta blanca

que robusta avanzaba
vehemente y rocosa
sin estructura ni dirección

el futuro se llamaba «un lugar de construcción impreciso,
    aunque pretencioso»

¿todo iba hacia delante?

¿todo aunaba manantiales?

¡curiosidad!

pasó, se quedó un ratito, y se marchó después de la merienda

mojábamos el bizcocho en leche con colacao y galletas
    mientras pensábamos en el Amazonas y la habitación
    de los abuelos

era un olor ochentero que se vaciaba a través del parchís y
    la tortilla de patatas

fuera había espigas que nos acordonaban y todo intento
    de traducción se ahogaba, indeleble e impreciso

así se intercalaban los tiempos de merienda y cordones,
    embarcando hacia —

no hay rocas
no hay vidrio
el blanco se disolvió

tan sólo frío
(y retales de luz de invierno)

resurrecciones

un cañón inconmensurable
drenado por demasiadas muertes

intangible la línea continua
estanca, se perfila
campo a través, al final
apacible e inocuo espanto

marca y se escapa, deshilachando
el compás de lo perdido

aquí yace
aquí yazco

es difícil salir de esta tierra en sequía
el hábito amortigua y ahoga

la aspereza ya no recuerda nombres
orbita en un pasado futuro
en el que se han quedado atascados

aquí yace
aquí yazco

esperando resurrecciones

otros orígenes

Oxford Tube

el estómago se quiebra
en llantos enfurecidos

las líneas
las blancas líneas
son fantasmas

quick quick

este no es un lugar
sino un tiempo

I. *The Upper Reading Room*

se encontró caminando por la calle preguntándose si
realmente había un comienzo o un final de las cosas

pensaba que todas las experiencias solo podían
materializarse en la mente cuando estaban en el medio

¿existe algo más que el medio?

el comienzo del otoño también se sentía como algo
entre estaciones y, por lo tanto,
espacio
el sentimiento de participar en la posibilidad de
escapar de principios y finales la tentaba y la confundía

de la mayoría de las cosas, deseaba apasionadamente
romper el tiempo, tomar el control de sus límites

habitar en el medio

¿era esa la definición de vida, un despertar?
estaba de vuelta en el tiempo, desposeída

recordó

recordó solo por unos minutos, pero recordó que no
pertenecía allí
el tiempo se desmoronó, pero sus partes disimuladas
se juntaron,
navegando de nuevo,

inquieta

II. Tejados y Visiones

qué fácil es desmoronarse

aun así, hay una divinidad en nosotros que se siente responsable de su conservación, de su rescate

si no pertenecía a ningún lugar, ¿pertenecía a la memoria?

la memoria es una cosa extraña
olas de tejados,
otra visión pasajera

silencio

III. ¿Lo que se encuentra nunca se pierde?

despertó sudando en un mar de molinos de viento
y llamó por su nombre a las espigas

tal vez todo estaba allí, fermentando
en lo amarillo

la memoria exige trabajo

IV. La Ira

pasó

   el futuro reconocerá a aquellos por sus deficiencias
después de que estas sean
disfrazadas
por su propia ceguera y su séquito en falsa valentía

no hay justicia en la vida
no hay justicia en la historia

v. La Pérdida

hay una pérdida en cada división
hay una pérdida en cada definición

sonaba extraño: pertenencia

VI. El Cuerpo

hay un grito, y trueno
el viento ruge, pero está atrapado

algunas de sus ramificaciones tienen éxito, las otras se
enfurecen profusamente
hay un choque, luego, muchos

estoy desarticulada, no muerta

VII. Enraizamiento

algunas espirales se renuevan

algunas encuentran un lugar de morada
en el reconocimiento
de la pertenencia inconsciente

VIII. No hay lugar para aquellos que están en el medio

no hay dogma
no hay fundamentos
no hay base
no hay descanso

la memoria se disuelve en los cuerpos

y los cuerpos tienen un deber continuo
son soldados en cada guerra

ix. Comunión: Sobre el estado de todas las guerras

al final
los cuerpos eran lo que se desmoronaba
una danza de pieles
desinteresada en la lucha

una nueva procesión a gatas
goteando

una comunión

mirando hacia esos nuevos gobernantes recuperados
revoloteaban como si dirigieran una orquesta
que anhela anunciar este reconocimiento

ella no sabía de qué lado estaba

partición

la piel está abierta
de imposibles
y de límites

gritando
por algo que la mantenga caliente

una presa que sostenga

las dobles verdades
las inequidades

tiembla

forjando un despertar debilitante
mezclando tejidos que dividen en mitades
demasiado pronto, tal vez

una fuerza languideciente
y en su carga nublada
siento sus fundamentos

esperando mi tiempo
para convertirme en constructora
avivando lo inadecuado

de todo lo que es mucho más

You cannot put a Fire out—
A Thing that can ignite
Can go, itself, without a Fan—
Upon the slowest Night—

You cannot fold a Flood—
And put it in a Drawer—
Because the Winds would find it out—
And tell your Cedar Floor—

EMILY DICKINSON,
YOU CANNOT PUT A FIRE OUT— (530)

la inundación

no puedes doblar una inundación
y meterla en un cajón
sin embargo, parezco desbordarme
constantemente
devastadoramente
irremediablemente
bifurcaciones interminables
contra natura
¿existe tal cosa si podemos imaginarla?
¿sentirla, aunque no entenderla?
corrientes colapsando
mi piel puede estirarse solo hasta cierto punto
la memoria crea memoria (cada día)
se alimenta de tan poco
y, sin embargo, parasita tanto
no puedo doblar mi inundación
y mucho menos acomodarla en un cajón

antes de que murieras

antes de que murieras
escribía

¿poesía?

antes de que murieras
los azules y rojos ya
bailaban un vals
pero con tu muerte
comenzó la mía
lenta
en decadencia
liberadora
sombría
amarilla
pero también era ella
era ella todo el tiempo
su música
sus margaritas
pasando por mi sangre
brotando

un nacimiento silencioso
sedimentando

su música
(margaritas)

epílogo: sobre la (des)realidad

Recuerdo las negras mañanas de sol
cuando era niña
es decir ayer
es decir hace siglos
Alejandra Pizarnik, *El despertar*

fantasmas

hay un horizonte
(humeante)
no lo puedo tocar con los ojos

respira a mi alrededor
entra por los cuerpos

estamos, somos, estoy, soy
(participo y extiendo)

sigue siendo un espejismo

(permanecerá)
cuando yo ya no sea
cuando yo ya no esté

por eso, quizá
(se escapa)

Agradecimientos

Me gustaría agradecer de nuevo a todas las personas que me han acompañado estos últimos años y que me siguen acompañando con cuidado, delicadeza y aprendizaje. Si sigo aquí es por toda vuestra magia y por todos esos espacios que hemos habitado sintiéndonos cerca, sin barreras de juicio o de faltas. Podría llenar esta página de nombres y anécdotas, pero soy tan afortunada que no alcanzaría a haceros verdadera justicia. Dentro y fuera de las aulas, espero que sepáis quienes sois (me encargaré de recordároslo todo lo que me sea posible). Gracias, también, a todas las poetas que me han ayudado a encontrar un lenguaje con el que comunicar mi dolor para resistir con la esperanza de volver a encontrarme conmigo misma. Gracias a Laura de la Parra Fernández, por el taller de poesía que impartió en octubre de 2024 en la Universidad de Salamanca, en el que pude componer «confeti y cemento» y así regresar a un tiempo pasado y, sin embargo, suspendido en mi historia. De igual manera, quiero agradeceros a aquellas personas que habéis servido de inspiración para mis poemas o que me habéis aportado claves para entender(me). Ahí estáis de una manera u otra. Quiero agradecerle también a Paco Najarro su ayuda, cuidado y amabilidad durante este proceso en el que me he embarcado por primera vez, no me imagino haberlo hecho con otra persona. Gracias. Gracias, Rebeca, por confiar en mi voz y en mi luz. Y gracias, a y junto con Jorge, por ser faro y refugio. Llevaré siempre en el corazón aquel ramo de flores. Gracias. Lola, esto también eres tú. Lucas, sigo sin encontrar el lenguaje para articular tu inmensidad. Gracias, gracias, gracias.

ÍNDICE

Este libro se terminó de imprimir
en septiembre de 2025

RIL® editores • España

europa@rileditores.com

Se utilizó tecnología de última generación que reduce
el impacto medioambiental, pues ocupa estrictamente el
papel necesario para su producción, y se aplicaron altos
estándares para la gestión y reciclaje de desechos en
toda la cadena de producción.